Todos somos Whitman

Primera edición: mayo 2014

© Luis Alberto Ambroggio, 2014

© Vaso Roto Ediciones, 2014
ESPAÑA
C/ Alcalá 85, 7º izda.
28009 Madrid
MÉXICO
Apartado Postal 443, Col. Del Valle
San Pedro Garza García, N. L., 66220

vasoroto@vasoroto.com
www.vasoroto.com

Diseño de colección: Josep Bagà
Grabado de cubierta: Víctor Ramírez
Preimpresión: Ángela Palos

Impreso en Estados Unidos
ISBN: 978-84-16193-01-1
BIC: DCF
Dep. legal: M-13495-2014

Luis Alberto Ambroggio
Todos somos Whitman

Vaso Roto / Ediciones

Prólogo

Él mismo, Whitman, me prestó este atrevimiento. Nace de su insistencia. Y no usurpo nada ni a nadie. Me uno a Pedro Mir cuando poetizaba:

> ¡No, Walt Whitman, aquí están los poetas de hoy,
> los obreros de hoy, los pioneros de hoy, los
> campesinos
> de hoy,
> firmes y levantados para justificarte!

Pero quiero ir más allá desde la profundidad ontológica. En la polvorienta inmortalidad de la vida a la que cantaba el hijo de Manhattan en su épica del lirismo abiertamente incauto, ese hoy es eterno y nos pertenece a mí y a todos en mí. Al hacerlo me tomo de Darío y su admiración por tu democracia y tu humanismo, de la reverente afinidad y sentida sinceridad de José Martí, de la equivocada imitación de Chocano, de la protesta vehemente y «rota» de Pablo de Rokha, de la desinvitación de Langston Hughes. Estás en todos y en mí: yo te abrazo entusiasmado como el profeta soberbio de la liberación natural y humana, maestro de emanaciones, vagabundo semidivino e indestructible, a pesar de tus propias demandas. Me traduzco y te traduzco, me encarno y te encarno, te canto y me canto con Borges, Federico García Lorca, León Felipe, el uruguayo Vasseur, Concha Zardoya, Pablo Mañé, José Valverde, Francisco Alexander. Con la deuda de Neruda siento en tu poesía «impura» al igualitario, con Borges al místico, con Paz al democrático liberal contradictorio, con Mauricio González Garza arrecho con su Manifiesto de Destino al «racista, imperialista, antimexicano», con Darío al «gran viejo, bello como un patriarca, sereno y santo». En fin, con mi amigo Fernando Alegría y su compatriota Gabriela Mistral me entrego al genio polifacético que en tu Canto nos conjuras.

Todos somos Whitman.

Repito, como tú, la placentera y atrevida promiscuidad del yo en todos y todos en el yo. También mi yo que milita con humilde orgullo en la presencia y poesía hispana en y de los Estados Unidos. Porque Whitman, a pesar de su juvenil e incongruente apoyo a la Guerra Mexicana, me poseyó y me lanzó al hablar del «elemento hispano de nuestra nacionalidad» y al afirmar sin reservas: «El carácter hispano le va a proveer algunas de las partes más necesarias a esa compleja identidad Americana. Ningún origen muestra una mirada retrospectiva más grandiosa –más grandiosa en términos de religiosidad y lealtad, o de patriotismo, valentía, decoro, gravedad y honor [...] Con respecto al origen hispano de nuestro suroeste, es cierto que no hemos ni siquiera comenzado a apreciar el esplendor y el valor excelente de este elemento étnico. ¿Quién sabe si ese elemento, como el curso de un río subterráneo que gotea invisible por cien o doscientos años, emerge ahora con un fluir más extenso y una acción permanente?»[1] De este elemento surge este experimento en español, de Whitman, de sus *Hojas de hierba* y su *Canto de mí mismo* (a sí mismo o a mí mismo).

Todos somos Whitman.

Porque estos textos (una mínima de mil espigas) nacen no solo de su texto y las lecturas múltiples mías y de muchos, sino

---

1   Whitman, Walt. *Prose Works.* Filadelfia: David McKay, 1892; Nueva York: Bartleby.com, 2000. www.bartleby.com/229/

también de la multiplicidad intrínseca del canto y de los 104 ensayos sobre las 52 secciones del *Canto de mí mismo* que me encargó traducir la Universidad de Iowa y que me inspiraron fehacientemente esta nueva reencarnación creativa, acaso equívoca, aunque feliz y sin ningún intento de infidelidad, más bien al contrario. Aflora de la primicia whitmaniana de que no hay periferia: los textos nunca se cierran, se reescriben, se recrean y todos configuramos el centro y el original. Parafraseando al genio de las *Ficciones*, aquí la literatura copia a la historia y la historia copia a la literatura con la elegante desfachatez de Pierre Menard, que se jacta como un quijote del hecho, porque:

Todos somos Whitman.

Whitman y Borges me perdonan la irreverencia. Más aún, la justifican al poetizar Borges que Whitman tomó la «[...] infinita/ resolución de ser todos los hombres/ y de escribir un libro que sea todos».

En contraste con esta actitud expansiva aparecen aquellos que, al contrario de Whitman, para enaltecerse o creerse alguien, se sienten en la lamentable necesidad de rebajar a los demás, a los que están arriba, o actúan conscientes simplemente de lo que son en manos de la estima de quienes realmente saben de quién hablan o los conocen de verdad. Eyaculan, bajo pretexto de equilibrio, que uno es nada o nadie. Pero Whitman, el «salvaje amable y desbordante», era mucho más sabio y ya me había proclamado en sus versos, a mí y a todos, que somos uno en todos y todos en uno; de allí el canto y la celebración. ¡Qué podrido y vil es el pecado capital de la envidia! Sabios y buenos son los que lo evitan y tristes los que sucumben a su trampa y a su baja autoestima. Más triste aún es el que hagan de su percepción enferma y del canon enquistado, una cátedra. En más de un sentido somos acertadamente apócrifos. La realidad constituye su castigo irreconciliable. En esta postura me apoyan Robert G. Ingersoll y Ezra Pound, con las imperfecciones que les pertenecen y me pertenecen, al hablar irónicamente de Whitman. El primero, Ingersoll, al señalar que no aceptaba un credo porque estaba arrugado y viejo y tenía una gran barba blanca, pero tenía muy claro que la hipocresía, a pesar de tener un aspecto venerable, confía en apariencias y máscaras –en estupidez– y miedo. Y Pound, quien se describió a sí mismo como «un Walt Whitman que aprendió a vestirse de traje y corbata y con camisa de vestir (aunque era enemigo de ambas cosas)».

Porque Whitman, el universal, genial, imperfecto, es otra cosa, vive de otra manera, respira la tierra, el aire, el horizonte, el océano de todos y cada uno de la misma forma, en sí mismo. Todos somos Whitman. Él, todos y yo:

> Soy del viejo y del joven, del necio tanto como del sabio;
> Indiferente a los demás, siempre atento a los demás;
> Maternal tanto como paternal, tanto niño como hombre;
> Lleno con las cosas ordinarias y lleno con las cosas exquisitas;
> Un ser de la Nación formada de muchas naciones, las pequeñas
> [iguales a las grandes;
> [...] Sureño tanto como norteño, soy el despreocupado y hospitalario.[2]

Paradójicamente escribo esto a bordo de un avión perteneciente a Oneworld Alliance (Alianza de un Mundo): la ilusión caduca de una propaganda. Pero así desparramo estos versos sin orden, sin cometido, sin misión; gotas de sangre, semen, impulsos, estallidos, efectos florecidos del hacer el amor con la imaginación que me seduce con sus promesas excitantes de vida, a mí y a todos en mí: con todos, sin distinción, en mí, busco, me aventuro, me libero, pregunto, sin exceso, en el cielo y en la tierra, bajo el sol, las estrellas y otros átomos compartidos. Es la magia y caricatura de Whitman en este polvo ambiguo e inclusivo que me ha vuelto a fascinar, la democracia atlética y plural. El misterio

---

2 Sección 16 del *Canto de mí mismo*.

de la realidad se impone en los individuos y, a través de ellos, en el presente universal que más allá de los abusos debe ser fuente de felicidad y me atribuyo el derecho a buscarle cómplices en la tierra salvaje y aparentemente civilizada.

Whitman me ha convencido una vez más de que la escritura es uno de mis cónyuges, aunque no sé si le resultaré tan buen amante. Otros chismosearán, al fin, los desenlaces del amor y de la muerte, los detalles de la tapa. El barbudo profeta, visionario, me ha liberado de los enclaustrados en todo tipo de canon; participo en su convocatoria a una rebelión y escape interminable con su lirismo de raíces, sensual, erótico, valiente y transformante. Me injerto en él, en su mar de enumeraciones inclusivas, con las lilas florecidas de Bloom y las de Goethe, Blake, Wordsworth, Hölderlin, Shelley, Keats, y caigo iluso, sin querer huir de su influencia, en Allen Ginsberg, Hart Crane, D.H. Lawrence y su espontaneidad, T.S. Elliot (dejando de lado su impersonalismo), Wallace Stevens, William Carlos William y su narrativa, Ashbery. Me lleva a transcender con Emerson, Carlyle, Rousseau y otros románticos.

Gracias, Cosmos, hijo de Manhattan y de Camden: aquí está mi grito en la multitud, celebrando y respirando, sin cesar, tus propios versos: «¿Y qué es la razón?, ¿y qué es el amor?, ¿y qué es la vida?»[3]

Al vivir, cantar, sufrir, tratar de encarnar en diálogos vivencias y palabras, disfrutar en libertad, paz y democracia, celebrar hoy y siempre las respuestas a esas preguntas:

¡Todos somos Whitman!

L.A.A.
Washington D.C., 31 de diciembre de 2013

---

3 Sección 42 del *Canto de mí mismo.*

Agradecimientos

Sin y con credos o escuelas agradezco a la divinidad del universo que respiro. A Walt Whitman por vivirlo y recrearlo. Suyas son las citas en el paño de mis poemas, la mayoría de los epígrafes, esas bellas cursivas con las que he querido sembrar mis versos. A Martí por su entusiasmo contagioso, a Darío por su Oda, a Jorge Luis Borges por hacerlo presente después de Camden y a mis ojos.

Agradezco a la Universidad de Iowa que me sumergió en la traducción de los ensayos sobre el *Canto de mí mismo*. A Ed Folsom, codirector del Archivo de Whitman, y sus 52; prólogos y a Christopher Merrill, director del International Writing Program, y sus 52 epílogos; A Nataša Ďurovičová, la editora de esta página; a Matt Cohen, con quien digerimos el poema en español; y a los anónimos que alimentan la página de Whitman en los caprichos de la red cibernética: estos ensayos, además de los rayos del poema, inspiraron literalmente mis versos. A Jill Stagg, activista de la diplomacia elocuente de la cultura que comparto y que me injertó en este proyecto.

Agradezco a quienes publicaron anteriormente algunos de los poemas (la RANLE –revista de la Academia de la Lengua Norteamericana–, *Alba de América*, en fin, son muchos para nombrarlos), a quienes revisaron los textos (a la doctora Rosa Tezanos-Pinto, y al doctor Carlos Paldao), a mis padres, aún vivos, a mi familia, a mis amigos; en fin «a la vida que me ha dado tanto», cantando con Violeta Parra y Mercedes Sosa. A los editores, Jeannette L. Clariond y su equipo. A los lectores y su posible beneplácito, o el otro aliento en el sarcófago de la existencia y de la página, que transcurren más allá de todas las complejas vanidades y anomalías.

TODOS SOMOS WHITMAN

1. ¿Qué es esto?

¿Qué es esto?, me dijo un niño mostrándome un puñado de hierba.
¿Qué podía yo responderle?
Yo no sé lo que es la hierba tampoco.
Tal vez es la bandera de mi amor, tejida con la sustancia verde de la
[esperanza.
Tal vez es el pañuelo de Dios,
un regalo perfumado que alguien ha dejado caer con alguna
[intención amorosa.
Acaso en alguno de sus picos ¡mirad bien! hay un nombre,
una inicial
por donde conozcamos a su dueño.
Pienso también que la hierba es un niño,
el recién nacido del mundo vegetal.
¿O es un jeroglífico uniforme cuyo significado es nacer en todas
[partes:
en las zonas pequeñas
y en las grandes,
entre los negros
y los blancos,
para darse a todos
y para recibir a todos?

WALT WHITMAN,
Canto a mí mismo (6)
[Traducción de León Felipe]

2. Canto de/a/mí/ sí/ mismo

> Aquello de lo que yo me apropio habrás de apropiarte.
>
> WALT WHITMAN (1)

Este Yo desperdigado.
hispano, latino, rubio, negro, cobrizo,
nativo e inmigrante, con todos estuvo aquí
antes y ahora; ahora y mañana; no se detiene,
átomo virginal de la desnudez y el polvo,
del hijo universal de Manhattan
del cosmos sin alambres
y del remolino de los ecos.

Niño con la sabiduría de las preguntas,
hijo de pobres y de ricos, de educados y analfabetos,
de rieles, siembras, clases y cuidados,
que brotarán con cuerpos sin un olvido,
semilla en su tierra de sangre nueva,
que recoge manos, pupilas, voces,
el sabor de los océanos,
el olor de dulces selvas,
polen de Dios, días y noches
centro del yo que danza con muchos,
hombres, mujeres, jóvenes y viejos
en la luz del surco del infinito,
con manos abiertas, sin muros,
raíces libres mías y de todos
al pie del canto
que ahora festeja
sin *credos ni bibliotecas*.

Con todos los colores que agitan su raza,
romana, celta, hebrea, mora,
hispana, aborigen, con reinos de muchedumbres
frescas en el árbol de la vida.

Hierba, niña, niño, germen suplicante
en la atmósfera del amor y los relojes,
Dios de la promesa y el porvenir,
reciente y antiguo en el pueblo nuevo,
ido y llegado del pueblo viejo,
el corazón de la humanidad en la luna de las manos,
el aliento de las sílabas.
Porque es voz, zumbido de hojas verdes y secas
que ama por igual
en el color de su época, el parque que es, soy,
somos, hoy, aquí, ayer y siempre,
el territorio impreciso del misterio.

Es puertorriqueño, chicano,
de la Cuba libre merenguera,
de Santo Domingo y todo el Caribe,
de El Salvador y Nicaragua.
Viene de México, América Central,
(Nicas, Catruchos, Ticos, Guanacos, Chapines)
de Costa Rica, el Tikal, Guatemala,
de sus selvas, lagos de sal y miel,
de Panamá, Colombia, Perú y Venezuela,
los maíces de las pampas argentinas,
las venas de uva de Chile, la quena de Bolivia,
de sus mayas, quechuas, aztecas, incas,
de los guaraníes, del Amazonas, Ecuador,
del Uruguay charrúa y sus riberas,
gauchos, criollos, europeos, mestizos,

mulatos, güeros, turcos, asiáticos, sirio-libaneses,
pibes, gurises, paisas, rotos, chipotes.

Lo acosan y espantan hélices y metrallas,
los centavos del martillo y las cenizas.
Patrón y jornalero; esclavo aún del trabajo,
pintor de ranuras, creador ingenioso de techos, pavimentos
en la agonía de la sangre del ayer y el todavía
del lunes de los comienzos y el domingo de las fiestas.

Lo traducen y no lo traducen las bienvenidas,
los graznidos del rechazo y el silencio sin sol
de la indiferencia, los días, las manos grises.

Pertenece a la familia y a veces lo invitan, otras lo excluyen
de las cenas familiares y su menú de auroras;
cuando viene la compañía, se han acostumbrado
a que solo limpie, cocine o sirva la mesa.

Sufre ahora, y en el próximo viento, el humo discriminante
del aliento en el azar, para bien o para mal
de quienes respiran intoxicados ignorancia o altanería
sin racimos de estrellas, montes, nubes celestes,
manantiales de dádivas y de praderas.

El sueño de tu creación, patria de muchas patrias,
lo definió y descompuso al mismo tiempo
en el fermento de leyes caprichosas
que atacaron la libertad y felicidad en su camino
y el de todos los que suscribieron tus artículos.

Le gustan y no le gustan las palabras, la víspera
de los silencios, vocablos teñidos en el antagonismo

de imperios y conquistas, bienvenidas, ataúdes y desprecios,
oros recibidos y robados.

No lo destruirán, aunque sea maestro o estudiante,
seguidor o dirigente. Trataron sin suerte
porque la historia y su alma, a la que pertenecemos
y pertenece en este paño de sustancias y tiempos,
no lo permiten.

Soy inmenso y contengo multitudes.
No podrán negarme ni ignorarme ni declararme indocumentado:
estoy escrito en ti, en todos,
como todos lo están en mí,
en el barro y en el cielo blando de la brisa,
en el significado sabroso de tu cuerpo.

Con la voz sabia del pueblo, se queja y no se queja.
Como todos, triunfa en las derrotas y pierde, a veces,
en las victorias de los puentes,
porque la ventura de la espiga la lleva dentro,
fuera, en el ombligo de la agonía.
Canta con la voz de los campos devorados,
el sudor de las estrías y sus dones,
el cuerpo robusto y abrumador de las ciudades.
Quiere ser la voz del río y no solo de las prohibidas,
sino también de las voces estrictamente ignoradas.

No desearía ir a un bosque
en el que deba evitar las raíces.

En el yo de todos,
el alma universal del poema,
en cada Walt Whitman interminable,

cosmos sin rúbricas,
ola en las olas, mundos compartidos,
en el amarillo que vibra,
danzo, sonrío, lloro:
Me canto y me celebro.

3. Identidad humana

A los visionarios

Veo en tu cuerpo
el universo de una historia,
la geografía tallada
de muchas conquistas y derrotas;
en la gloria de tus ojos,
las arrugas con su siembra,
las sonrisas y lágrimas,
veo el horizonte cotidiano
del amor y de las pérdidas,
la dulzura amarga del éxito,
la dolorosa esperanza del fracaso.

Veo en tu cuerpo
—que camina la naturaleza,
la ciudad, la montaña,
el campo de la vida—
el paso de la muerte
y el aliento de tu pupila,
hombre y mujer, joven y viejo,
esencia de multitudes,
gris anónimo y con el grito
de un nombre cierto.

Te veo en un cuerpo que abarca
simultáneo tiempo y eternidad,
al amanecer, al crepúsculo, sol, lunas llenas
y sus extensiones de luz, oscuridad

en una sangre inquieta y suave,
corazón líquido sin fronteras.

Veo en tu cuerpo
la raza y la ausencia de razas
exhalando sin indulgencia
la blasfemia de la discriminación
y su bienaventurada condena.

Eres todo, toda, en uno,
el mundo asombroso del Yo,
unido y disperso,
en la misma invitación:
conjuro de opuestos
que te definen,
como me definen a mí
y a cada uno de los otros
existiendo en mí y fuera de mí,
en la incesante alma compartida
de la calle abarrotada y sola.

4. Briznas

Creo que una brizna de hierba no es menos que una jornada de las estrellas.
WALT WHITMAN (31)

Ese tenue llamado de las cosas,
la hierba, la tierra, la novia, los pájaros,
el horizonte felizmente diluido,
anticipo o epílogo de lluvias.

El vaho de mi propio aliento,
el latido perfumado del cero,
filamento en la boca
que adora el balance
de la fragancia de los besos,
las melodías, el cuerpo que brota
en pequeños diálogos dorados,
impulsos de pureza repetida
de aire sin sosiego
llenan caminos, campos, urbanizaciones,
casas, barrios, calles, rincones, suburbios:
el pulmón renovado del pueblo.

5. Tejido

Compuestos de diferencias
impulsan órganos, individuos,
para tejer otros entes de alegría
en la fiebre del eterno ahora.

No me faltes en la vida; no te falto
en la unidad del punto que nos borda
aquí en el vaivén de la aguja y el hueco,
donde las carnes manchadas se gritan,
se expanden, más allá de las rocas.

Tela de bosques que hablan,
gotas, moléculas, rostros y delirios
pueblan y poblarán la tierra.
Hilos de sangre, nombres y otros dibujos,
sus junglas, minas, mares, cavernas, ciudades
son el caudal de su permanencia:
todos en mí y yo en todos;
una túnica salvaje de maravillas.

6. Coito eterno

El amor es el sostén de la creación.
WALT WHITMAN (5)

El alma copula con el cuerpo
y el cuerpo con el alma en un Yo perdurable.
Se resuelve la pasión en la unión de los senderos,
produce descendencia de identidades
dejando el cuerpo de ser material muerto
y el alma la desnudez de un deseo
porque el cuerpo con júbilo lo concreta.

Trasciendo con el erotismo de la naturaleza,
con la fermentación de la página,
con el lector que me enciende con sus ojos,
con los hombres, mujeres, amantes, hermanos,
con quienes nazco, muero y regreso,
bebé, hierba en multitud, del regazo universal
surjo con el abono tierno e insinuante de los reciclajes,
verdor de la esperanza; alma al *ocio sobre la hierba*,
más allá de los cadáveres, las exequias desteñidas,
vivo sin morir, muero sin morir,
en la voluptuosa persistencia de la juventud,
el eterno coito que nos engendra
y sustenta el vapor del paraíso.

7. Conversión

Eres polvo y en polvo te convertirás.

Gn 3,19

Feliz con mi polvo
de origen y destino,
rico en la desnudez de todo.
Lo que veo, lo que toco, lo que huelo,
lo que oigo, lo que como,
conducta inocente de los sentidos.

Soy fruta y carne,
lágrima y océano,
en la solidez del universo
que consumo y vive en mí,
como viviré yo en otros,
partícula de todos
después de la muerte y sus cenizas.

Augurio antiguo y renovado,
me convierto en día y noche
a lo largo del tiempo que produzco
con el trémulo aprendizaje,
sin arrepentirme del barro
que fui o la fertilidad
de los éxtasis que me descifran.

No luzco como pieza de un rígido museo.
Mi cuerpo reproduce un fluir
del pasado y del futuro,
concepción del caos y su conquista,

en la perenne conversión
del interrogante de la vida,
con su sonrisa, podredumbre
en la multitud que me habita,
celebración de mi canto
reborn, recién nacido
hace años y siempre
sin genuflexiones.

8. Hoja de infinito

Conozco la amplitud del tiempo,
dijo el viejo de barba blanca, hijo de Manhattan,
el cosmos del individuo que nos cantaba a todos
en sí mismo, Walt Whitman, de los muchachos,
la mujer, el compañero de cama,
canción de hierba.

Conozco la amplitud del tiempo,
conjugación diaria del horizonte
en el verde del hoy y de siempre,
la sonrisa elemental del compendio.

Soy, somos, todos en el ser,
uno e infinito.
He aquí la estirpe.
¿Algo más queda por decir
superando la reverencia elocuente
del silencio eterno
o la felicidad absoluta
de nuestra gloria?

Finalmente siento
la errante hermosura de la existencia,
sin estrecheces.

9. Maravilla

¡Qué deleite festejar
la superstición de esa maravilla
que nos iguala,
al ser todos,
al mismo tiempo,
cuerpo y alma,
grandes y pequeños,
importantes e insignificantes,
ricos y pobres,
negros y blancos,
patrones y obreros,
viejos y jóvenes,
partos de átomos dispersos
unidos en uno
y uno en todos disperso,
ciudadanos y extranjeros,
en el abrazo de la luz y de la sombra,
la ligereza de un beso,
la trilogía del principio,
el fin y su resumen,
en la realidad de la vida
que con el amor del aire
al nacer muere
y en la muerte resucita.

10. Oda al diablo

¿Será el diablo
la más divina de las criaturas?

Para cubrir la rebelde armonía
alguien debió nacer condenado
a lo opuesto.

Pero al menos sabe quién es
en la sociedad de unión imperfecta
y acepta sincero su papel oscuro
en la maldición del dualismo,
sin disfrazarse hipócritamente
de ángel, de esos que con aureola
cometen diabluras
incluso en nombre de Dios
y otros hábitos;
matan, por ejemplo,
bajo el escudo de la paz;
o fomentan infiernos
con *Te Deums* y otros golpes
de pecho, sables, palabras
o más privilegios inapelables.

¡Qué feliz me sentía
cuando de niño,
festejando mis picardías,
me tildaban de diablillo!

Y al mismo tiempo
me llamaban con cariño «Ángel».

Usurpaba inocente la paradoja
de los dos en el uno de mi cuerpo
ante las sonrisas cómplices
de mis creadores.

11. ¿De dónde vino la música?

C.K.Williams

Preguntarme ¿qué soy?, ¿quién soy?
Y en la neblina del insomnio,
descubrirme brote de mi verso
que intuye la mentira de los perfumes,
encamina el sonido y las alas
de las aves frágiles del abedecedario,
para derramar mi entidad compleja,
ese asombro que observo y en el que participo
con el diccionario de mis fechas,
el juego, el pantano, la agonía, el sueño,
las playas oscuras, todo lo que me circunda.

Salvaje, atónito e inmenso, como Whitman,
canto el júbilo de mi unidad
en la diversidad que me atraviesa,
habita y, melodiosamente, desafía
con la música rebelde de los mitos.

12. *Los vivos duermen... y los muertos también*
WALT WHITMAN (15)

Dormir como un niño
con el sueño espontáneo e inocente
sin orillas de gritos o compromisos,
alma desnuda y llena,
después del juego de las horas y sus caprichos.

También prolongar el sueño
con la despreocupación excitada
de un o una adolescente,
cuerpos divinos con cinturas
y ondulaciones que cantan.

También conciliarlo
con la pasión de hombre y mujer,
aceite y martillo de besos,
conjugando piernas y labios
en la profundidad satisfecha
del movimiento.

También descansar
en el espacio desmantelado o en el peso
que descargo de mis hombros
hasta el reposo de la tierra
bajo la ternura de un faro quedo
o la luna de las risas blancas.

Mientras el campo, la ciudad,
los vivos y los muertos duermen,
me asusta dormirme sin sospecha

en el sudario de la noche,
solo por la debilidad de los ojos, oídos,
la resignación oscura de los músculos,
la cabeza, en el vacío, sin alrededor del momento
y otros delirios y colores,
con la resignación que no amanece
de un cadáver absoluto,
una piedra que no escucha ni exhala
los toques de la vida,
el hálito del mañana,
la suerte del regalo sin ausencia.

Con los muertos y los vivos
fui, soy y seré, sagrado en el sueño.

Socavo el ultraje del destino.

13. Enamorado del cosmos

¡Qué placer infinito
me produce el hacer el amor
con la tierra y el océano
sin puertas ni paredes
que oculten el secreto!

En la libertad del milagro
que contengo en mi apetito
algo que no puedo ver eriza púas libidinosas,
mares de jugos resplandecientes bañan el cielo.

Perdido en el invencible resplandor
del espacio en dulzura erguida:
ya no es deseo ni abstinencia
sino el sabor del instante completo.

14. Las palabras

El habla es gemela de la visión [...]
La plenitud de la prueba y todo lo demás lo llevo yo en mi rostro.
WALT WHITMAN (25)

Inhalo, exhalo con sílabas
el deslumbre del mundo
que todo abarca, sin diferencia,
pequeño y grande,
lo que el cielo de mis ojos absorbe
y mi voz, cascada divina,
con suspiros, recrea.

Irradiaciones del ahora y su existencia,
sonrisas de gemelos,
(visión y habla),
jugando a imitar
el interior y exterior
de nuestros mapas,
con júbilo, peleas y llantos,
que alcanzan, reencarnan y expresan
el volumen cercano e infinito
de la fuente del misterio.

Percepción y respuesta
en el brote cotidiano
de la luz y de la vida:
el «¡Oh!» deletreado,
como lámpara de carne,
con el aleteo, el dolor,
la entonación ardiente de ser,

su sorpresa y su grito
frágilmente explicado.

Palabra y visión,
dócil creación de los bosquejos,
con ellos salgo y regreso.
Llevan lo que soy.

15. Himno de mediodía

Comer el calor de su azul,
el centro dorado de sus plumas,
allegro en el pentagrama del horario,
sin abdicaciones.

El ardor lo trepa
por los huesos de las horas;
reconcilia los dos mundos
del sol y su camino.
Una estatua resplandece
la algarabía del estío.

El vientre insaciable de la mirada
almuerza brotes,
el sabor del día.

Confieso que mi himno
tiene hambre de memoria
y de deseo,
sus racimos de fulgores.

16. El dueño de los sentidos

¿Soy el Yo de mis sentidos
o mis sentidos me poseen?

¿Posees al mundo a través de tus sentidos
o el mundo te posee a través de los sentidos?

Inquietos y calmos
preguntan o solo comprueban,
disfrutan, sufren
la realidad que enamora,
calienta, enfría, satisface, hiere,
el ojo del agua,
los quejidos del viento,
el vértigo de los delirios,
el calor líquido del pimpollo de los labios,
sabores de enigmas azucarados,
que nunca se disipan.

Mi cuerpo y yo somos sus dueños,
aunque ellos me den vida
en la piel de la luz de la tierra
y el alma los respire.

17. Tacto

Exprimen la ubre de mi corazón para extraerle la gota oculta.
WALT WHITMAN (28)

Tócame para que me penetres
y yo te vibre.
Te toco con mis ojos, con mis oídos,
con mis manos
y festejo con mi olfato
el aroma de tu presencia en mí,
en el nosotros de nuestra fortuna
con y sin piel,
con y sin voz,
con y sin importancia.

Soluciona el contacto, hogares
de carencias, silencios, longitudes,
desamores, desconciertos, desconsuelos.
Exprímeme con la fisicalidad de la caricia,
el masaje, tu cuerpo entero.

Conoce mi cuerpo,
cosecha de mis huertos tibios,
la semilla de tu selva.
Recorre mis relieves,
arrecifes, el cancionero de mi altar
que te adora y te celebra
exudando con mi respiración festiva
tu cielo de fuego.

Al tocarme, al tocarte
me construyo de nuevo,

me abandono
en la otra identidad
que creo y me crea.

No hago otra cosa que resolver,
apretar, palpar con los dedos.
Y soy feliz.

18. Oscuro silencio

Grita el sonido dilatado del futuro
más allá de la noche.
Llama el sol con signos.
Proclaman brillantes el portento
del silencio y su lenguaje,
dentro y fuera de mí, de todos,
arriba, abajo, atrás y adelante
como la danza de las manos,
de los ríos y las brisas.

Los labios del corazón así se expanden,
tocan y provocan las caricias
recibidas del universo
y sus amantes invisibles.

No vale la pena contar una historia
o hablar de Júpiter, Zeus, Quetzalcóatl, Jehová,
Osiris, Isis, Baal, Brahma, Buda,
Aláh, Odin, Mexitli u otros dibujos,
al sur o al norte de Aztlán
o de aquel rapto en la herida del crepúsculo.

Cada uno de nosotros es la leyenda
en el regazo del silencio.

No encarcela su vacío.
Más bien abre las puertas
para una multiplicación de labios
que habita el aire
y nunca muere.

19. Matriz de las sombras

Nunca dudo de que esa sombra sea yo.
WALT WHITMAN («Cálamo»)

Deletreo con sombras mi imagen,
hacia adentro y hacia afuera.

Los rincones del mundo se pueblan.

Con la energía opaca del barro
se encienden los cuerpos.

El silencio de los mármoles útiles
pronuncia mi yo secreto y público.

Soy el surtidor y el apogeo de cada uno.
Salgo, voy, vuelvo y me interrogo
en la diversión gris
de un emblema sin precedentes
con la naturaleza sólida y sus nieblas,
con la libertad que nos gasta,
con la desnudez deslumbrada de la creación viva
y el agasajo fecundo de la muerte.

En este instante penetro en el útero emboscado de las sombras.

20. El ritmo de la humedad

Cúbreme con tu humedad amorosa que yo he de retribuirte.
WALT WHITMAN (22)

Aunarme con la *amorosa humedad* de tu cuerpo
cargando mi alma que impulsa tu torso a unirse conmigo,
absorbiéndose los dos y el caos de un universo
con cada uno de los cinco o más sentidos.

Tú, la noche de senos descubiertos,
apretando con la cercanía del incendio,
derramas una lluvia de pasión
en la tierra que te acoge, mi tierra,
costa y árboles de cuerpos
con veintiocho suspiros nuevos,
meciendo la melodía de los brazos del mar
y su líquido que nos posee; penetra nuestros poros
el frenesí de las semillas,
el polen del deleite.

Nunca quisiera secarme con la poesía del desamor,
aunque el devenir me lo imponga
en el estupor marchito,
sino reembolsarle siempre al mar su caricia,
la de sus mareas, dedos de agua,
entrando y saliendo de su corriente vital
bajo *el arrullo, el susurro de su voz suave.*

21. La extensión del cuerpo

Si mi adoración se dirige más hacia alguna cosa que otra, será hacia
[la propia extensión de mi cuerpo, o hacia cualquier parte de él.
WALT WHITMAN (24)

Estirarme en la playa de tu cuerpo.
Expandirme desde los pies a la cabeza,
de la tierra al cielo,
desde mi cuerpo al tuyo, y a los otros cuerpos
con púas libidinosas que penetren el horizonte
y suelten mares de jugos resplandecientes.

Extender mi cuerpo, sus órganos, naturalmente,
dilatar los tuyos, para prolongar la historia,
los nombres, la savia, la música,
ese roce ebrio de los instantes.

Se alborotan el cuello largo y pico del tímido agachadizo,
saliendo de su nido de huevos dobles.
Se erizan tus montículos para tocarme
y me alcanza con la elevación de los muslos
el relieve abierto de tu puerta.

No me detengas. No te detengas.
No detengas el anhelo de procrear
asombros, cunas, auroras,
el aliento generoso que nos supera,
el fuego de sangres juntas,
el hábito de la esfera consumada,
figura de constelaciones y nebulosas
en la evocación de una partitura sin límite.

No hay moderación que contenga el deseo
ni voz que lo intente tallar.
Volcanes con nubes y avalanchas de relámpagos
ensanchan los elementos
cuando *hundes tu lengua hasta tocar mi corazón desnudo.*

22. Promontorio

¡Tacto ciego, amoroso, combativo, tacto envainado,
[encubierto de dientes afilados!
¿Tanto te dolió abandonarme?
WALT WHITMAN (29)

¡Qué curioso es el promontorio
al que nos lleva la excitación y el embeleso
con nuestros órganos erectos!

Allí en el arrecife, la cima del precipicio,
punto en que la tierra sólida
se encuentra con el océano fluido
y todo nos abandona, *inermes*
a merced de un merodeador sanguinario,
como si el cuerpo, que nos define,
nuestras manos cómplices e imparables
nos entregaran a las llamas y el éter
nuestros y de quienes nos asaltan
desnudándonos del corazón y los sentidos.

Luego el remordimiento tardío
o el abandono momentáneo.

Solos, después de la cópula,
el contacto ha abierto las *compuertas*
para que otros estímulos invasores nos devoren.

Más tarde el deleite *de otra cumbre y otra flor*
será el sentimiento mutuo que los una.

¿Cómo es posible a través de tanta plenitud
un salto al vacío que descorazona
en el altibajo de las decepciones?

El equilibrio del afecto
sabe de subidas y bajadas
pero nunca de tibieza.
Serán solo rápidos adioses
perseguidos por llegadas
en una pradera de montes prolíficos.

A ese promontorio nos conduce
la ardua promesa de nuestros brazos
y el incesante afán de nuestro brío
que grano a grano, poco a poco,
beso a beso,
libre de pérdidas y mortajas,
lo completa.

23. Los milagros del estiércol

La suciedad y el estiércol son más admirables de lo que se ha creído.
WALT WHITMAN (41)

Percibe en el estiércol
una *fragancia más fina que la plegaria*;
inhala el milagro de la carne
que se renueva al ensuciarse de éxtasis
o la mugre sagrada del trabajo.

El fertilizante oscuro
de las axilas y los pechos que se sudan
cubre las vulvas o terrones,
excita el cántaro de los huesos
y el abanico de las huellas.

Vibra en su santidad descompuesta
el ritual de las transformaciones.

Ya nada provoca desgarrarse las vestiduras
si no es para hacer el amor
con cada poro omnipotente
de los miembros en la arcilla
y la libido aromática de sus apetitos.

24. Empatía

A través de mí, surge y surge la inspiración divina;
[a través de mí pasa la corriente y el índice.
WALT WHITMAN (24)

Con mi voz, si alguna me queda,
ambiciono transfigurar la vitalidad cruda,
el índice que incluye lo decente y lo vedado,
al grande y al insignificante,
al estable y fugitivo, rico y menesteroso,
el que abarca en su amplificación divina
a toda la flora, fauna y perfumes,
verdades de las noches y las estrellas,
las voces mudas, prohibidas o marginadas,
las contraseñas compartidas
en una insobornable democracia
con el equilibrio de mi Yo,
fundamento de las causas.

Quiero conectar una cosa con otra
en la conjunción florida, en el aire libre,
el pañuelo de Dios que bordamos en el camino,
el arrullo minucioso de sus hilos
que configuran mi Yo, que eres tú
que somos el nosotros
del canto que conmemoro y nos inspira.

25. Sabor del aire

Este es el aire común que baña el globo.

WALT WHITMAN (17)

Me entrego
a los manoseos del aire,
la piel del sol
en todos sus tiempos
de sorpresa, de ardor divino
de mimo crepuscular
antes del feliz descanso.

En la noche beso la luna
de tu pecho descubierto.

Te amo y te multiplico
como tú lo haces
con la alianza de tu tacto,
la montaña de tu cuerpo
para respirarte luego
a lo largo de la cosecha
de mi lengua, hecha voz,
la de nuestros cuerpos,
del ser, de la naturaleza insuperable
que nos nutre, nos desvela
y saboreamos.

El amor de aire en flor.
La miel de nuestro baño.

26. Más gemelos

Si no pudiera, ahora y siempre, crear la aurora de mi ser.
WALT WHITMAN (25)

«Get in touch». Nos ponemos en contacto:
en contacto con las palabras de las manos,
en contacto con las manos de las palabras.

Otro par de gemelos en nuestro recorrido
repitiendo auroras.

Estoy acostumbrado a su compañía
de día o en la intimidad herida de la tarde,
bajo lunas llenas o de marfiles mutilados.
Juegan dos mitades contra la muerte.

Huelen la lluvia y comen la tierra;
por generaciones se conciben
flor y nube, viento carmesí
en el domicilio de los años.

27. Oyendo el almanaque del yo

La vida me conjuga
minuto a minuto
y me fuerza a escribir
más allá de los libros,
las clases,
los obispos académicos.

Derramo la tinta del vivir,
su sangre de calendario
y el hálito único
casi indescifrable
de cada pulso, instante,
que oigo junto
con *los bríos de los pájaros,*
el bullicio del trigo que se yergue,
el cuchicheo de las llamas,
el chasquido de los leños
que cuecen mi comida.

Eso es; escucho a la naturaleza en sí,
al fascinante enigma que me explica,
a las respuestas luminosas de las fábulas,
no a los cánones
ni a las frases exigidas
por los mercaderes de la lectura.

El mapa de mi alegría humana
se dibuja con los dones de la vida,
pequeño o grande
en la generosidad de su almanaque,
lo que brota sin exigir ni forzar
los nacimientos,
solo la ramificación de sus sonrisas,
el sonido que amo.

28. Paisajes de la recompensa

Despedidas perseguidas por llegadas; pago perpetuo.
[de una deuda perpetua
WALT WHITMAN (29)

Asesinada por la feroz tormenta,
relámpagos de filos ruidosos,
la hierba se baña con los cristales del aguacero
y, bajo el préstamo de su humedad, florece.

Copiosos sus brotes y los éxtasis
responden al tacto que intensifica la promesa,
el tallo, los perfiles mezclados
en el tumulto feliz de la cópula,
la verdad erecta de otro sueño empapado.

El sol y la noche son los cómplices
de las gotas y suspiros, el paisaje frondoso
de hierba, maíz y trigo, en el lecho.

Tributa la recompensa del latido.
No tiene precio.
Avanza en el blanco de la vida,
sin pérdidas, con la suavidad fertilizante
de las lluvias y sus besos.

Necesidad del cuerpo, la naturaleza;
se proyecta en el algodón de las semillas,
flecos rojos de amapolas,
hacia el horizonte siempre renovado.

Mi padre, ortodoncista, noventa y cinco años,
más de treinta biznietos, sin cansancio en sus genes,
me comunicó ayer que retomaba tareas rurales,
con el césped, en el patio agradecido de la casa.

Uno de los paisajes,
en la recompensa
de mi corazón.

29. Evolución

Descubro que he incorporado granito, carbón, musgos, frutos, semillas,
[suculentas raíces.

WALT WHITMAN (31)

Instantes innumerables de nacimientos,
instantes innumerables de muertes,
instantes innumerables de amaneceres,
instantes innumerables de estrellas,
instantes innumerables de cuerpos
que incorpora *granito, carbón, musgos, frutos, semillas*.

¿Cuál es el viaje de los brotes?
Se pierde y recupera todo en la órbita de lo nuevo.

Pacto del verbo que transforma.
La desenfrenada naturaleza con su energía original
ejerce su acto de presencia
variado,
libre,
amplio,
imparable,
cambio de párpados abiertos,
paraíso que reclama el asombro,
la montaña con su cabellera blanca
respira el cielo
y remoja sus pies en el lago;
hormigas, pájaros, peces, monos, capullos
u otros nombres de vida,
versos de preñeces sin luto
dejan una huella de polvo
proclamando el fracaso de la elegía.

30. Canto del animal

Me parece que yo podría vivir con los animales; son tan plácidos y retraídos [...]
No andan desvelados en la oscuridad ni lloran por sus pecados.

WALT WHITMAN (32)

¿Quién no admira la saliva creadora de la araña,
la perfección de la hormiga,
la elegancia inquieta de la mariposa,
que la *zarzamora pueda adornar los salones del cielo?*

Antes me enfurecía el rayo del berrido
con el insulto de «animal»;
ahora lo aprecio en mi esencia
por encima de la irracionalidad del soberbio.

Como al acariciar a Babe, mi plácido ovejero,
mi animal de compañía
que celebra mis llegadas,
me lame en la soledad del tiempo;
juega, pide, me cuida terapéutico,
me entiende, guía;
hasta pareciera vociferar un lenguaje de asombro,
al ladrar haciendo caso omiso de órdenes incongruentes,
y en cada despedida, aúlla sus sentimientos
con un auténtico sollozo.

También lo llevan a cabo con sus mimos
el gato de mi novia y los prácticos de T. S. Eliot,
el pícaro Mefistófeles, Macavity
misterioso en el disimulo de su crimen suave.

No ejecutamos mejores monerías que sus artífices;
son todos ellos los protagonistas indiscutibles del circo.

Recién en el teatro del zoológico
la audiencia gozó los aplausos de un lobo marino,
el manejo de pelota y otras acrobacias.

Yo presencié, maravillado,
en la nieve oceánica de la estepa,
un enojo de pingüinos
y su solemne caminata.

Nos conmueven las vueltas de la mamá con sus patitos
y nos colma aún la melodía del puppy love.
Comparten los patios conejitos
con la ternura alerta de sus orejas.

El esplendor de los corceles
tiernos y sensibles a las caricias,
con sus *cuerpos que se estremecen de placer cuando corremos.*

Revive a cada rato del suspiro
el beso olímpico del cisne a Leda.

La sublimidad del vuelo del águila.
Han dicho que el poema es un pájaro,
todo el universo un *designio con alas.*

Deseo, a veces, poseer algunos de sus dones y talentos.
Me traen testimonio de mí mismo;
dan prueba clara de que ellos los poseen.

Y tú, Whitman elocuente, nos insistes
que *un ratoncillo es milagro suficiente*
para hacer vacilar a sextillones de incrédulos,
que *la vaca paciendo con la cabeza baja supera todas las estatuas,*
que *la expresión de los ojos de los bueyes*
dice *más que todos los libros leídos en la vida.*

Allí están ellos, con el burro, en el pesebre.

Aceptan lo que son y lo que tienen
sin resentimiento ni protestas.
No necesitan espejos para modelar su hermosura.
Viven desnudos, sin calzado, en el edén de las horas.
Cantan el amanecer con trinos sin escuela.
Bufan de sorpresa los alces y otras especies
o te miran cuestionando, sin alarde, tu presencia.
Se alejan pacíficos hacia el monte y la sabiduría de sus árboles.
Se entienden en la vastedad del universo.
Duermen en paz. No les aflige la culpa ni el pecado;
tampoco ansiedades de dinero
o la corrupción de otras ambiciones más lejanas.

Parecen felices en sus nichos idóneos
de plantas, tierra, aire, campos y rocas.

¿A quién no le gustaría usufructuar sus cualidades
y no algunas humanas que nos castigan?

¿Qué biblioteca le insinuaban a Borges los ojos de los tigres
o el oro del león del mediodía?

31. Nueva fe

Mis ataduras y lastres me dejan; mis codos se apoyan sobre
[las quebradas del mar.
WALT WHITMAN (33)

No busco huesos
ni el lugar de tu entierro
porque vives.
He visitado la casa
de tu nacimiento.

Emancipado, veo y escucho todo de nuevo.

En la inquietud del momento
mi recorrido de joven
prefiere la naturaleza a la historia
y la visión abandona las anclas.

Suplanto el pulso moribundo
con el latido de cada cosa,
un manantial de sangre renovada.

Crecen las nubes con surcos de agua
y participo indomable en el prodigio.

Soy un libre enamorado.
Es imposible abarcar
la inmensidad de la belleza.

No me entierren en el desperdicio.

32. La divinidad de la encarnación

Encarno todas las presencias que están prohibidas o que están sufriendo.

WALT WHITMAN (37)

Ahora siento que materializo una bienaventuranza.
Contiene el universo de los seres hasta su último aliento,
la cosecha de sus pieles,
el coro interminable de todas sus voces,
lo que es corazón, carne, piedra,
lo que palpita en cada átomo.

Quiero que resuciten en mí los muertos de siempre,
que se repitan en mí los latidos sin pausa
de todos los cuerpos, sus mieses, sus almas
en la tierra, en la bóveda celeste, en el océano.

Quiero sentir que los encarno a todos,
que los hago míos,
como el Nazareno
al leproso y la prostituta,
al hijo bueno y al pródigo,
al esclavo, al sin techo y sin cuidado,
al que padece cólera, sida,
u otro dolor y castigo que nos ahuyenta,
sea vil o justo,
grande o pequeño,
el trozo que absorbo en mi humedad amanecida
y llevo a la cumbre de la existencia.

Quiero sentirme el amante
que *toca todos los momentos de sus vidas*

sin olvidar a nadie
ni siquiera *las briznas más insignificantes.*

Quiero reírme ya *de lo que llamáis muerte.*

Todo en mí se reconstruye.

Acunar a un bebé es divino.

33. Intraducible

Yo también soy indomable e intraducible.
WALT WHITMAN (52)

Intraducible como la maravilla.
Intraducible como la rebelión.
Intraducible como el interior que respira.
Intraducible el deseo iluso,
el coloquio de los ojos,
el salvajismo de tu canto,
como el gemido del halcón,
los murmullos de la selva,
como tus sombras que no se callan
y de tu carne, barro,
florecen luego hierbas.

Intraducible como los remolinos
que recogen tu cuerpo,
como la ausencia de no ser,
de las palabras que lo hacen.

Como el desamor, intraducible,
la falta de copulación,
el sabor del sexo,
el entendimiento del crear
y su presencia.

Intraducible como el laberinto peculiar
de la vida y de la muerte,
como los átomos del Yo
que se diluyen y reconfiguran,

como ecos de identidades disipadas,
como las olas de los mares que se confunden,
como el sentimiento y los brotes
que te eluden,
aunque supongas haberlos atrapado.
Intraducible como el perfume del suspiro,
el graznido de un latido oscuro,
el recinto de la voz indescifrable,
el aire negro.

El sol se me acerca,
al retroceder del día,
por el otro lado de mi ventana,
con el resplandor de su sonrisa
y en las hojas de la magnolia
me saluda. Intraducible.

Inútil, pero irresistible,
es el querer traducir,
aunque tú, yo, nosotros
nos rebelemos, escapemos
y creamos *no ser nada de eso.*

34. Arruga del futuro

Lo pasado y lo presente se han agotado; los he colmado y los he vaciado
y me dispongo a vaciar lo futuro.
WALT WHITMAN (51)

Cuando la risa me recibió.
brazos del amanecer,
en medio de dos labios
se definió mi alma nueva con el llanto radiante de la vida,
tierna luna creciente que llevó en su vientre mi madre llena.

Crecí en la carne de la tierra,
una canción roja.
Conozco el agua del cariño y el espacio propicio de mi historia.

Los golpes me formaron.
Solo un relámpago de sed en la noche.
La clave de un beso en la misión del día.

Fui, soy, seré mi reloj.
El hijo de otro tiempo.
El padre de otro tiempo.
Coseché y sembré manos inmortales en los astros.

Con dolores, dudas, ilusiones a cuestas,
camino el libro usado del viento.

Ahora *cambio de agonías como de vestimentas.*
Pero no tiene nada que ver con el susto.
No voy hacia un espacio vacío
ni naufraga mi esperanza

en el horizonte donde navegan
los cuatro puntos cardinales.

La luz me riega.

Celebro la ausencia de la ausencia.
Anulo la tristeza con el convite de los cuerpos,
el pan indispensable del amor y los amigos.

Otra vez ciclos desnudos de gracia.

No se presencian los olvidos.

Mi ruta corre lejos de todo sondeo.
No me espanta el rugido de la arruga.
Amé y fui amado; amo y me aman.

No vacío el futuro. Lo entrego.

35. El capricho y los dioses

Algunas grandes estrellas que brillan en la altura, luces silenciosas y enlutadas.
WALT WHITMAN (36)

Preferiría echarles la culpa pero no puedo.
La boca del niño, del lobo de mar
que han tragado la guerra, gritan
a la tierra; el cielo mira para otro lado,
no escucha *el murmullo de la sangre que cae,*
ignora las amputaciones de cuerpos y almas,
esos desperdicios amontonados de espíritus y carnes
bajo el luto indigno que acompaña a las estrellas.

Si Homero nos ponía en manos del capricho de los dioses,
¿resultará en vano implorar el alcance indiferente de sus pechos?

¿No se afligen acaso por la crueldad del sacrificio
y del colibrí que los acusa?

Si somos, si soy, el que vive con todos los muertos
y el enigma divino de lo que existe,
¿será, en verdad, *todo así; todo eso irrecuperable*?

36. Monólogo del práctico

> Declamo con extravagancia y echo espumarajos en mis crisis de locura,
> [o espero, rígido como un muerto, el despertar de mi espíritu [...]
> Formo parte de la banda centrípeta y centrífuga.
> WALT WHITMAN (43)

¿Ser o no ser?
No tengo opción
sin triturar la naturaleza.

Prefiero ser más que un punto:
puntos suspensivos.

Antes de que me acompañe una estatua,
me entretengo con el vacío.

La luz no es breve.
La acortan nuestros ojos.

Entre el nacimiento y la muerte
hay un prodigio eterno.

De lo humano a lo divino
se derritió un paso.

Crear la rosa con palabras
¿y cómo se riega?

¡Qué fácil se llega
a las órbitas del asombro
y qué difícil el descenso!

¿Cómo se previene el naufragio
bajo las olas de los besos?

La frustración del amante
es el tiempo
y cerrado espacio.
Develar la sombra
y lo que llora detrás de la luz
implica un arte interminable.

El corazón aventura los latidos
en la esperanza del crepúsculo.

Se aleja la mariposa del silencio.
Uno, al fin, nunca vuela,
quedándose anclado con el «¿por qué?».

Dejo que responda
el círculo desafinado
en el que giro.

37. Paréntesis mendigo

Los mendigos se encarnan en mí y yo en ellos.
WALT WHITMAN (37)

Este es el rostro del que sufre
y en un paréntesis de su tiempo
la claridad le golpea las mejillas,
registra un horror fatigado en sus facciones
la condena perfilada del rechazo
del abandono, del loco, del proscrito,
del enfermo y sentenciado,
la cruda piel del holgazán y el despedido,
del carcelero y del encarcelado.

La humillación lava sus sonrisas;
entre la celebración y la desesperanza
parece concluir el polvo divino
de sus pies, de sus manos,
de su rumbo de imprevistos.

Ahora extiendo eufórico mi Yo, mi cuerpo,
y con la generosa agonía de mi sombrero
encarno y mendigo la justa simpatía,
el canto inverso de una limosna:
por amor de la humanidad, denme,
démonos, una dádiva
de existencia reconstruida.

Hay oro en el surco de la vida y de los ojos
con la energía recobrada y el deseo.
El desafío de los márgenes

no ahoga ni destruye el Yo rebelde
ante obstáculos que convierte en oportunidades,
recreando el Yo perdido,
saciando de comida la boca seca,
curando el tiempo de las calles,
saliendo del desgano y la derrota,
recuperando la luz de la epopeya,
la dignidad del pan de cada día.

38. ¡Basta!

Marcho lleno de un vigor supremo y nuevo, soy parte de
[una procesión inacabable.
WALT WHITMAN (38)

Nunca le hubiese visto la poesía
a esa palabra tajante,
pero en su agresividad cargada
de emociones y en su decisión profunda,
la admiro: ¡Basta!
Decreto personal inapelable:
se acabó la injusticia, la tumba,
lo que nos encadena como piedra
y nos impide seguir los edictos
de los sueños, de la libertad
de los principios inocentes
antes de ser esqueletos
de los dictadores de rutina,
sometidos bajo el yugo
que nos niega el beber
el gozo de la arena,
la vida que perdura,
la dignidad de pueblo.
¡Basta! de la dureza
que no respira ternura
desde el caudal del origen,
desde la jungla de los sueños,
desde el aire desnudo.

Declaro que me pertenezco,
me pertenece y posee la humanidad materna

a quien yo mismo pertenezco
y no a los credos, mandatos o disciplinas
que gritan bendiciones o maldiciones
con el don de lenguas y otros disfraces
de luz altiva o de amenazas.

Me festejan los azares.
Estiércol, abono,
raíz, brote y semilla,
mi dueño es la tierra.
Me repudian las jerarquías
como yo también las repudio.
¡Basta! Un ¡basta! sin confines.

39. Frescura

Todos somos parte de una frescura.
WALLACE STEVENS

Anhelo ser un árbol con besos de hojas
sonriendo en el bosque al ritmo de la brisa
y brindar aposento a pájaros felices
que celebren el amor en mis brazos brotados;
dar paz, dar sombra, dar alegría,
a quien quiera respirar mi verde,
el de todas mis raíces, el de las raíces de todos,
más allá de la asfixia y los apuros del cemento,
la irritación de la rutina, al margen de los ecos,
límites, consagraciones y otros himnos edificados.

Que pinten luego con sus sueños
y el pincel de Monet,
cual las hermanas de Stevens,
lirios de agua u otros retoños
que asciendan, desde la fuente,
mariposas traslúcidas,
a un nuevo grito de luz
con perfumes de esencia clandestina.

El presente, la fecha íntima de la palabra.
La poesía habla ahora más allá de la muerte;
el entierro bajo las hojas que leemos
es un ritual eterno de apariencias,
despertamos la vivencia fresca
con nuestros ojos, hojas vivas,
a las que tocamos dialogando,

haciéndoles preguntas,
mientras las acariciamos con las manos,
les damos vuelta, nos apoyamos
en su cuerpo que nos pertenece,
nos refleja, nos proyecta
con la lozanía de la vez primera.

Todas las vidas tienen su propia escritura,
la frescura de un asombro sin muerte.

40. Salvaje

El salvaje amable y desbordante, ¿quién es?
WALT WHITMAN (39)

Hay algo que conjura
en la raíz de la palabra selva,
salvaje; desafía
los atavíos ficticios de lo civilizado.

Alguien contó que mi abuela
practicaba la anarquía,
yo añoro la independencia desacreditada
de la barbarie,
esa que fue destruida por la conquista,
su sabiduría de piedra,
los templos de su cultura,
su comunión con la naturaleza infinita,
su respiro de ojos puros en el aire.
donde el agua nos toca.

Me escapo a la frontera primitiva
con un cuerpo liberado
de la jerarquía del alma
y todos sus decretos.
Soy nativo en el territorio
de animales y bosques,
montañas, lagos, universo de familia,
pionero audaz de mi propio centro.

¿Qué ostentación civilizada
encarna la guerra?

¿La de los sepulcros, injusticias
y el montón anónimo de crueldades?

Yo, nosotros, todos queremos ser
el salvaje amable y desbordante
que domine la civilización
con conductas arbitrarias
como las de los *copos de nieve...*
como las de las hierbas,
su cabellera sin peinar,
su risa libre, ingenua.

Hostiles solo contra quienes agotan
la bondad de los granos,
los que inmolan la tierra,
las lloviznas dulces,
las mariposas, las flores, sus hermanos,
los que arrancan las páginas afectuosas
del libro ágil del calendario,
los que venden la libertad
con sangre en sus manos.

Anhelamos que nazcan
nuevas formas en las puntas de sus dedos
y que, sin ley, nos amen.

41. Jeroglífico del yo poético

¿Cómo se puede expresar en palabras huecas
la respiración del deseo?
¿Será en el suave espacio en blanco
que ata los trozos de amaneceres en los versos?

Nudo desbocado de signos intrigantes,
cuerpo sellado de revelaciones,
voz que brilla desde el agua
para que otra responda,
alzando desde lejos una sonrisa,
semen y yo, macho y hembra fecundos
en una entrega de poder y voluntades,
intenso pulso de días y noches sin angustia,
soplo de existencia declarada,
manos que hablan redimiendo con su tacto de fuego
y rescatan a desorientados, ricos, pobres moribundos
levantan una marcha de enamorados
en el regreso y la anticipación.

La trama es un cúmulo de latidos
con el código del propósito
inspirado en los alientos de la selva,
el mundo y sus visiones
que el poeta, todos y yo mismo, sin saberlo,
con valentía e impulsos de procreador,
exploro, formulo y nos multiplicamos...

Así yo, Whitman, *me canto y me celebro.*

Escuché a un niño descifrándonos.

42. Destruir al maestro

> Quien aprenda a destruir con mi estilo
> a su maestro, será quien honre mi estilo[...]
> Enseño a los hombres a apartarse de mí,
> pero, ¿quién puede apartarse de mí?
> WALT WHITMAN (47)

Barbudo venerable,
a pesar de que me lo ordenas
con un altruismo de cicuta,
rehuso aprender a destruirte,
porque al hacerlo, me destruyo
en el alcohol de la influencia;
tampoco quiero deshonrar las cicatrices
de luciérnagas intrépidas
que aún vuelan en tu canto.

¿Por qué destruirte
y no edificar sobre
la explicación de tus ojos,
añadir a los límites el progreso
con la rebelión de los filtros?

Me aparto de ti para comprenderte.
Te construyo en mi diferencia.
No es tu réplica, sino mi Yo que al negarte
te encarna, te sobrevive y te repica.

El mismo Ezra Pound,
en su locura cuerda,
luego de detestarte,
volvió a hacer un pacto contigo.

Ninguna de las verdades nos pertenece.
Todas nos *pican las orejas.*
Las explicaciones de las lágrimas y los trinos,
las ventanas que curiosas se abren a las claves,
el aire y los jóvenes con la niebla azul de las palabras,
el fulgor del embarazo de la madre fresca,
la arruga del peso de la anciana
me atraen y en su intimidad de luz
me encuentro
y te reconozco,
Cosmos de Camden,
Long Island, América,
historia, presente y mañana.

Me destruyes arando mi campo virgen.
Te destruyo, o te complazco,
floreciendo un fango combativo.

43. Flor de loto

Vida, supongo que eres el residuo de incalculables muertes
WALT WHITMAN (49)

A Nelson Mandela, el 5 de diciembre de 2013

Miro tu sonrisa blanca
en el estanque calmo de mi camino.
Crece desde el barro,
desde *los troncos negros del lodo,*
y a través del agua venturosa
te veo brotar en el cielo.

Flor de loto son ellos, madre,
hijos, nietos, esposas,
y más allá de los dos tiempos,
eres tú,
soy yo, es mi alma,
su progreso innumerable,
notas en el pentagrama de un canto
en el riachuelo de mi vida
después de tantas muertes.

Desde las puertas ágiles del inicio,
hierba de semillas en los pantanos fermentados
nazco hacia el final que es un comienzo
sin miedos porque me cubre la piel reconfortante
de gente buena, de mis padres, mis abuelos,
la salvación de sus raíces y sus hojas
que forman el suelo,
la base de mi presente;

las fotos de sus sonrisas,
son también flores de loto,
en el remanso de mi casa,
mi territorio fluido,
mi sueño...

Y el de todos.

44. Forma transitoria

¿Qué significa existir en cualquier forma?
WALT WHITMAN (27)

Le canto al rumbo, al tramo,
al paso completo de mi vida, le canto,
configurado como enlace, cadena
entre los millones de universos:
uno en su esqueleto es flor, pájaro,
pez, animal de ese misterio,
el prodigio de crecer en este globo.

Poseo vestigios y deseos de alas,
huellas de mar entre mis venas.
Procreo al mundo con los impulsos
de mis anhelos que se convierten
en fe y ritos, ciudades, descubrimientos
de ciencia, arte y otros graznidos:
leyendas, leyes, expediciones
que unen en éxtasis y desafíos
mi alma con mi cuerpo.

Aunque *inmensa fue la gestación de nuestro ser*
soy, somos, seremos siempre
una forma elemental y transitoria,
un retoño de paso, sin cesar,
en el fluir bohemio
de lo que existe en trance.

45. Cartas de dios

Encuentro las cartas que Dios ha dejado caer en las calles,
todas firmadas con su nombre.

WALT WHITMAN (48)

Me encuentro yo y cada cosa
en el arcano del cosmos innumerable
como una carta firmada por Dios, que me rodea,
con su nombre preciso
y sin posibilidad de entenderlo,
posado en las hojas abiertas de los árboles,
el bosque de los rostros,
las calles, el suelo pacífico,
en la punta risueña de las olas,
la acogida de las playas sinceras.

¡Felices son los que las pueden leer
con la emoción de la vida
y la escritura nómada de su poema!

¡Felices son los que viven en ellas
entre los hábitos que encaminan
a la tierra, la paz transitoria de la muerte
y el viaje del vuelo!

Me emociona la curiosidad del vértigo.

46. Curiosidad

¡Felices los que satisfacen su curiosidad de Dios
celebrando la divinidad de los rostros,
los cuerpos, los helechos, las hojas anaranjadas,
los montes alegres, las azoteas, los ataúdes de existencia,
el perfume reciente de las espigas,
la resurrección de las gotas,
la rigurosa osadía del alba,
la fertilidad democrática del heno!

La curiosidad sabia de los que no explican.
La curiosidad sin héroes que admira los destellos.
La curiosidad de quienes cultivan los jardines de la música y otras
[artes.
La curiosidad que no se asusta con la muerte.
La curiosidad del amor, eje inagotable del universo.

47. Autor-idad

Soy maestro de atletas,
quien expande su pecho más que el mío,
[prueba la expansión de mi pecho.
WALT WHITMAN (47)

Si te dejas seguir por mis palabras,
recréalas.
Tu respuesta superará mi inocencia,
expandirá mi voz en la altura del lecho.
Persistirá el roce de mi nada
en el tejido de tus pasos.
Serás hombre, amante,
mujer sin tiempo,
prendiendo tu propia llama,
cosechando tu propia muerte.

Autor soy solo de mis ojos,
hábitos de amor y deceso.
Si *le pican a tus oídos* mis enseñanzas,
escúchate para concebirlas
en tus propias células.

Destruye mi voz. Escribe tu sonido.
Edifica sobre la ruina de mis pertenencias.

Yo soy yo, fui otros,
pero ya no;
eres tú en el nosotros
que festejo
durante la última noche,
el absoluto del ahora.

48. Felicidad

My knowledge my live parts, it keeping tally with the meaning of all things,
Happiness, (which whoever hears me let him or her set out in search of this day.)
[...] Writing and talk do not prove me,
I carry the plenum of proof and every thing else in my face,
With the hush of my lips I wholly confound the skeptic.
                                                    WALT WHITMAN (25)

¿Cómo encontrar, vivir y pronunciar
esa experiencia que absorbe la aspiración
del cuerpo grande y la vastedad del alma?

¿Cómo saborear su vigilia y la intensidad
de su acto; río que no sabe de elegías,
cuya búsqueda está garantizada
y nos evade por nuestro propio equívoco
haciendo de *la angustia el pan cotidiano*?

¿Cómo hallar, sin penumbras,
el sentido y la trama de las cosas,
lo que nos habita, somos y sentimos,
lo que ocurre en cada luz de la sangre,
en cada momento que erige una lluvia de cielo,
lo que nos resume en el apocalipsis de la dicha
y nos impulsa a respirar el fulgor del arrebato,
descendiendo y ascendiendo a los sueños sin huidas
y los mágicos descubrimientos del porqué universal
de uno mismo, de todos, de cada cosa,
sus cambios, juegos e infinitos desarrollos?

Yo soy la felicidad numerosa y su caza colmada,
beneficiario y obsequiante de todos sus dones,

centro, principio y fin del vaticinio y su logro,
el acontecimiento, la suerte, la suma,
del enigmático tesoro del hoy y del siempre,
que mis partes vivas explican y contienen.

49. Caminamos

¿Quién quiere pasear conmigo?
WALT WHITMAN (51)

Caminamos por el otoño
entre los labios rojos de los arces,
las sonrisas y lágrimas amarillas
de los árboles que vibran su júbilo y su tristeza;
siembran supervivencia para la muerte venidera,
el trigo para el verano, bulbos de tulipanes
que nacerán con la primavera.

Caminamos entre las dos puertas
del estío y del invierno,
de la muerte y de la vida.

No nos escapamos de las contradicciones
mas las andamos en el alma de nuestros pasos,
pasiones, ideas, sueños,
espíritus de todas las estaciones
del tiempo y el espacio,
instrumentos serenos de los buenos
con una voz que nos bendice.

Caminamos libres la multitud que somos
con la energía de los riesgos que alertan
(riesgo es el nombre de cada suspiro),
subimos en los fracasos, descendemos en los triunfos
con la regeneración de la transcendencia.

Nadie seca las lágrimas profundas.
Contagian.
Si dejas que las piernas te abandonen
te abandonará la mente.

En el viaje nacemos la muerte.
En el viaje morimos la vida.
Compartimos los aires negros y blancos
de cada nueva caminata.

50. Final, comienzo del umbral

Si me perdieras en un lugar, búscame en otro,
en algún lugar te espero.
WALT WHITMAN (52)

A la vida la vivo cada día
hoy, en el futuro y el pasado;
y a la muerte también.

Vivo la inmortalidad.
El vestido de la muerte no me queda.
El amor me convence
que soy inmortal por todos lados.

De todos los tiempos salgo;
a todos ellos vengo
con la verdad y definición de la espiga
en la inquietud turbia del río, el océano,
las faldas doradas de la playa.

Te despido, te abrazo, te beso, te recibo
desde el nacimiento del presagio,
los plazos cortos o inexactos,
las contradicciones del trayecto,
en la alcoba del alcance
y la totalidad de los sueños,
sin muros, conclusiones
líneas de orden ni otros limitantes
de alteraciones y de pánicos.

Me voy a de donde vine:
al aire, a la sombra, al sol, al polvo.
Pero búscame en ti, en todos,
en la ráfaga emplumada del viento,
en tu cabello, en la vida que respiras
en el humilde suelo de tu sustento.

Así me prodigo.
Abarco todas las imperfecciones
y el salpicón feliz de los logros.
No acabo.
Los nuevos atletas superan a sus predecesores.

Me renuevo en tus ojos.

51. Testamento reencarnado: el ahora eterno

Whitman, todos y yo, nosotros somos tu epitafio,
o mejor aún, vives en nosotros porque nos dijiste
que cada átomo de tu cuerpo era nuestro también,
como tú, hierba somos del estío y de todas las estaciones.

Nos rebelamos contra todos los preceptos,
ahora no escuchamos ya más *escuelas ni credos,*
sino el vaho sagrado *de tu propio aliento*
que oscila entre *la luz y... la sombra*
dibuja el pentagrama *del himno del mediodía.*
Festejamos contigo *el impulso procreador del mundo,*
ese *jeroglífico uniforme que* nos revela
por encima de *la hermosa cabellera sin cortar del cementerio.*

Ojalá cumplamos tu compromiso con *la rizada hierba, de tratarla*
[*con amor.*
Al igual que tú, nosotros no configuramos *una tierra ni el*
[*accesorio de una tierra,*
pero queremos encarnarte *camarada de las gentes todas, tan*
[*inmortales e insondables* como tu yo,
y a alguno de los *veintiocho jóvenes,* o los mitos de ese número,
que *se bañan en la playa sin imaginarse a quien rocían.*

La presión de nuestros *propios pies a la tierra levanta en* cada
[uno de *nosotros un centenar de impresiones.*

Del catálogo infinito de personas, quehaceres, razas, felicidades,
[desafíos y maldades,
proclamamos, como tú,

ser de *ellos, de cada uno y de todos,* urdiendo *el canto de* nosotros
[*mismos,*
sin acosarnos la opción de tener que escoger ni herir la
[democracia.

Somos *del viejo y del joven, del necio tanto como del sabio;*
un ser y seres *de la Nación formada de muchas naciones, las*
[*pequeñas iguales a las grandes.*

No somos nada *sino el enigma y la resolución del enigma al mismo*
[*tiempo.*
Respiramos *esto, el aire común bañando nuestro globo.*
Albergamos tu contraste *al tocar y soñar para los muertos*
gozando con el clamor de: ¡Hurra a los que han fracasado!

El reflejo de tu *cara en las profundidades y alturas lejanas,*
suscribe el país de todas las luces.

Sí: es *un asombro la temprana estrella roja que tiembla en los*
[*ramajes;*
canta una constelación en la infancia de los poderes.
Nos confiesas que te ríes *de lo que llamáis disolución.*
Te seguimos.
Transmuta el barro en oro, aumenta la ilusión del nacimiento.
Ahora conocemos contigo *la amplitud del tiempo,*
el caudal interminable del reloj de la existencia.

Nos incluyes al afirmar: *Soy el poeta del Cuerpo y soy el poeta del*
[*Alma.*
«¿Querrá alguien ver el alma?»
Toco tu alma, contesto a tu pregunta diciéndote:
la contemplo en tus palabras.

Todos ansiamos el contacto, un masaje para el alma, un masaje
[para el cuerpo.
Nos provoca el que *muestres que la grandeza no es sino desarrollo*
con la audacia de un fuego libre hasta el apogeo del infinito.

Desde la playa ves los *encorvados dedos invitantes,*
del agua que recorre nuestra eternidad.

Tus palabras nos rozan por doquier,
llevan al cielo, después de estar en el infierno.
No soy solamente el poeta de la bondad; no rehuso ser asimismo el
[*poeta de la maldad.*
Para Wallace Stevens la imperfección es el paraíso.
Según Juarroz esta es la forma que asume la perfección para ser
[amada.
La verdad está en el terreno de lo opuesto y de su obsequio.

Como comulgan los sentidos, al ser *el habla gemela de tu visión,*
comulgas con la naturaleza que vitalizas
apreciando que *una brizna de hierba no es menos que una obra de*
[*las estrellas.*
Llegas al componente de nuestra esencia sin épocas cuando
[descubres
que podrías cambiar y vivir con los animales, tan pacíficos y
[*herméticos son;*
y proyectas tus anhelos en sus vivencias sin culpa ni castigo
al advertirnos que *no sudan y se lamentan por su condición,*
no permanecen despiertos en las tinieblas llorando sus pecados.

Nos confiaste el contagio de ser *un libre enamorado*
encarnando con tu amplitud de una humanidad entera
todas las presencias prohibidas o que sufren.
Con tus versos le haces el amor a cada uno de los cuerpos.

Y a la afirmación de tu interrogante:
El salvaje amable y desbordante, ¿quién es?,
te replicamos que queremos serlo todos,
pero hoy comportan el lamento de todas partes
las cámaras que vigilan el campo de prisioneros.
De allí que la historia se transforme en misterio
cuando planteas los vaivenes de la barbarie.
¿Está esperando la civilización, o la ha superado ya y la domina?
En el hueco de la dolorosa languidez, nos acogemos, como tú,
aquí y ahora a la acosada matriz de las sombras.

Te has disuelto con *un grito en medio de la multitud*
en nuestro propio grito que te multiplica en la inmortalidad
y nos desafía con los cuestionamientos de rigor en los cismas:
¿Y qué es la razón?, ¿y qué es el amor?, ¿y qué es la vida?

Aceptamos contigo el alimento que nos calma
de una *fe que es la más vasta y tenue de las fes.*

La aventura de tus manos libres recoge a veces lágrimas
y te empapan con su oleaje inquieto y la pregunta:
¿Qué tengo que ver con los lamentos?

En ti habitamos la carne del abrazo
una cumbre de cosas realizada... el guardián de cosas que serán.
Vagabundos contigo, *vagabundo de un eterno viaje*
te acompañamos; nos has invitado con la plenitud de tus palabras,

Soy el maestro de los atletas,
escribes generoso mientras nos dejas el rosario de lo que eres
y suplicas que te destruyamos, superándote
ya que, según tu propio verso:

Quien aprenda a destruir con mi estilo a su maestro, será quien
                                    [honre mi estilo.
Al ser tú y tu contrario, nos atrae vivir construyéndote.

Nos inspiras a cantar santo, santo, santo, al cuerpo
porque has *dicho que el alma no es más que el cuerpo.*
Nos inspira a palpar la redención y la desnudez del alma,
porque has *dicho que el cuerpo no es más que el alma.*

Nos has enseñado que con nuestras vidas abonamos un préstamo;
ejercemos una recompensa y donación a diario,
en el vaivén del principio y el fin, con el cadáver
que *juzgas ser buen estiércol, y por ello no te repugna.*

En las confluencias de las subversiones nos empujas a creer
que *la Vida es el desecho de incalculables muertos.*
Tu amor ilustra la sobrevivencia.

Gravitamos la memoria que guarda un ave bajo el silencio
y que si bien *el pasado y el presente se marchitan* –tú los has llenado,
                                    [los has vaciado,
mas el vacío no seca las semillas;
es solo la espera del regreso que germina en tiempos repetidos.

Con el amor que imploro, proseguimos, como tú,
a llenar la próxima arruga del futuro.
Y en ti, hoy, somos *grandes, conteniendo multitudes.*

Cada uno de nosotros con tu línea insistimos: *Yo también soy*
                                    [intraducible.
Constituimos un centro de cifras intocables.

No se pueden quebrar los códigos ni se traicionan los signos,
                                                    [simulacros;
pero la cópula nos transciende.

Te veneramos al escuchar el florecer de tu testamento:
Me lego al barro para crecer en la hierba que amo;
si en adelante me queréis ver, buscadme bajo las suelas de vuestras
                                                    [botas.
Allí encontramos a cada instante tu epitafio vivo,
tu vida sustentando la nuestra.

Gracias, Cosmos del ahora eterno.

52. El pasado y el presente

El pasado y el presente se marchitan, los he llenado, los he agotado,
Ahora me dispongo a colmar mi parte del futuro.

¡Tú, que me escuchas allá arriba! ¿Qué tienes que confiarme?
Mírame a la cara mientras aspiro el olor de la tarde.
(Háblame sinceramente, nadie nos oye, solo nos queda un minuto.)

¿Me contradigo?
Muy bien, me contradigo.
(Soy amplio, contengo multitudes.)

Me dirijo a los que están cerca y espero en el umbral.

¿Quién ha concluido su tarea cotidiana? ¿Quién concluirá más
                                    [pronto la cena?
¿Quién quiere salir a caminar conmigo?

¿Hablarás antes que me vaya? ¿Lo harás demasiado tarde?

WALT WHITMAN,
Canto de mí mismo (51)
[Adaptación de las traducciones de Jorge Luis Borges, A. A. Vasseur,
Matt Cohen, Concha Zardoya y Luis Alberto Ambroggio]

El gavilán manchado desciende sobre mí para acusarme de gárrulo y
                                    [vagabundo.
Yo también soy indomable e intraducible,
y sobre los tejados del mundo, suelto mi graznido salvaje.

Los últimos celajes del día se detienen para esperarme,
lanzan mi figura corporal, con las demás imágenes, hacia el mundo
[callado de las sombras
y me hunden suavemente en el vapor y en el crepúsculo.

Huyo como el aire.
Sacudo mis guedejas blancas con el sol fugitivo,
vierto mi carne en los remolinos
y la dejo marchar a la deriva entre la espuma de las ondas.

Me doy al barro para crecer en la hierba que amo.
Si me necesitas aún, búscame bajo las suelas de tus zapatos.

Apenas sabrás quién soy
ni qué significo.
Soy la salud de tu cuerpo
y me filtro en tu sangre y la restauro.

Si no me encuentras en seguida,
no te desanimes;
si no estoy en aquel sitio,
búscame en otro.
Te espero...,
en algún sitio estoy esperándote.

WALT WHITMAN,
Canto a mí mismo (52)
[Traducción de León Felipe]

Corolario

Walt Whitman, un cosmos de Manhattan el hijo;
leyéndote con la valentía de un corazón enriquecido
comprendo la diferencia entre el «yo» y el «ego».
Mientras, como brizna de hierba, al ego rechazo,
adopto con la humildad del barro el «Yo» de tu poema
que admiro y al que pertenezco
con la raíz anónima de mi partícula
y la de cada uno de nosotros.

Tu nombre es todos.
Mi nombre es todos.
Nosotros te atestiguamos.

Nos has incluido sin pretensiones.
Respiramos tu energía.
En verdad eres *la salud de nuestro cuerpo*
filtrado en nuestra *sangre restaurada*;
profecía tenaz que nos satisface.

Más allá de tus palabras que son un mundo,
de las flores con que la naturaleza escribe sus versos
y el retoño frágil de estas páginas sembradas;
más allá de tu canto que celebra el universo;
más allá de las espumas del nacimiento y de la muerte;
más allá del homenaje a los contrastes y sus sobrevivencias,

convencido, proclamo con la vida del nosotros en mis venas, desde el vientre de este libro de hojas jubilosas:

¡Todos somos Whitman!

¡Nos hemos encontrado!

Índice

www.ingramcontent.com/pod-product-compliance
Lightning Source LLC
LaVergne TN
LVHW041301080426
835510LV00009B/835